EDELVAN JOSÉ DOS SANTOS

NOVENA AO BEM-AVENTURADO
Francisco de Paula
Pe. Victor de Três Pontas

DIREÇÃO EDITORIAL:
Pe. Fábio Evaristo R. Silva, C.Ss.R.

COORDENAÇÃO EDITORIAL:
Ana Lúcia de Castro Leite

COPIDESQUE:
Bruna Vieira da Silva

REVISÃO:
Luana Galvão
Sofia Machado

DIAGRAMAÇÃO E CAPA:
Bruno Olivoto

ISBN 978-85-369-0551-8

1ª impressão

Todos os direitos reservados à **EDITORA SANTUÁRIO** – 2018

Rua Pe. Claro Monteiro, 342 – 12570-000 – Aparecida-SP
Tel.: 12 3104-2000 – Televendas: 0800 - 16 00 04
www.editorasantuario.com.br
vendas@editorasantuario.com.br

Beato Francisco de Paula
(Pe. Victor de Três Pontas)

Francisco de Paula Victor, popularmente conhecido como padre Victor de Três Pontas, nasceu no dia 12 de abril de 1827, em Campanha, MG. Filho de mãe escrava e de pai desconhecido, ele foi batizado oito dias após o nascimento, pelo padre Antônio Manoel Teixeira. Em uma época marcada pela escravidão e ganância de busca do ouro pelos fazendeiros, Victor teve uma sina diferente, sendo educado por sua madrinha, Marianna Bárbara Ferreira, que tratava os escravos com dignidade e mansidão. Sob seus cuidados, aprendeu a ler e escrever, também, a tocar piano e falar francês.

Quando jovem, trabalhando como alfaiate, Victor revelou ao seu mestre o desejo de ingressar no seminário. Conta-se que tal desejo causou grande indignação do mestre da alfaiataria, que espancou o pobre moço em público, por almejar uma posição que pertencia somente aos brancos daquela época. Contudo, sua madrinha procurou o pároco da cidade, Antônio Felipe de Araújo, pedindo-lhe auxílio, para que o desejo do afilhado fosse atendido. Era ínfima a chance de tal pedido ser acolhido, sendo Victor negro e filho de mãe solteira. Mas, quando soube que o bispo de Mariana, dom Antônio Ferreira Viçoso, passaria pelo vilarejo, o padre lhe falou sobre a fervorosa vocação de Victor. Uma oportunidade fora-lhe concedida, e o pobre jovem ingressou à vida religiosa, pagando a promessa que fizera a Deus de caminhar a pé de Campanha até o seminário de Mariana.

Durante seus estudos, Victor passou por muitas provações, pois os colegas do seminário o rebaixavam, a ponto de exigir dele serviços, como se fosse um escravo. O bispo reprimia tal conduta. Victor superou todo o sofrimento com dignidade e perseverança, sendo ordenado padre no dia 14 de junho de 1851. Sua primeira missa foi celebrada na cidade natal, mas, passado um ano, padre Victor foi transferido para Três Pontas, MG.

Chegando à cidade, em junho de 1852, padre Victor sofreu humilhação e zombaria por ser negro. Embora o povo humilde o aceitasse, o vilarejo reunia, em sua maioria, os grandes fazendeiros exploradores da mão de obra escrava, os quais repudiavam a permanência de um padre negro em Três Pontas. Com sabedoria e persistência, padre Victor venceu os preconceitos, as agressões, os xingamentos; em troca ofertava seu perdão, doava dinheiro, alimento e roupas aos mais necessitados, chegando a esquecer de si mesmo.

Padre Victor fundou a primeira escola de Três Pontas, também inaugurou um grande colégio e iniciou a reforma da capela, que deu lugar à igreja matriz de Nossa Senhora d'Ajuda. Ainda que tais feitos exigissem dispendiosos investimentos, o humilde padre nunca deixou seu lado caridoso esquecido, doando até o que tinha em sua casa. No entanto, uma denúncia fora feita de que padre Victor havia acumulado dívidas com seus projetos e suas doações. Chamado a conversar com dom Viçoso, admitiu seu erro administrativo e financeiro, decidindo pedir demissão da paróquia. Conta-se que o povo, reconhecendo os bem-feitos de padre Victor, reuniu-se à porta de sua casa com dinheiro suficiente para quitar todas as dívidas e suplicou que prometesse jamais abandonar Três Pontas. Ali permaneceu por 53 anos até o dia de sua morte, em 23 de setembro de 1905, falecendo aos 78 anos de idade.

Padre Victor deixou uma grande herança para Três Pontas: a educação. Além disso, derrubou os preconceitos, o ódio e a intolerância pela confiança inabalável em Deus. Francisco de Paula Victor foi beatificado pelo papa Francisco em 14 de novembro de 2015, sendo o dia 23 de setembro a data oficial de celebração de sua festa litúrgica.

Oração inicial

– Em nome do Pai, do Filho e do Espírito Santo.
– Amém!
– A nossa proteção está no nome do Senhor,
– que fez o céu e a terra!
– Ouvi, Senhor, minha oração!
– E chegue até vós meu clamor!
– Vinde, Espírito Santo, enchei os corações de vossos fiéis e acendei neles o fogo do vosso amor. Enviai vosso Espírito, e tudo será criado! E renovareis a face da terra!

Oremos: Ó Deus, que instruístes os corações dos vossos fiéis com a luz do Espírito Santo, fazei que apreciemos retamente todas as coisas, segundo o mesmo Espírito, e gozemos sempre da sua consolação. Por Cristo, Senhor nosso. Amém!

Oferecimento da Novena

Ó Deus Onipotente, iniciamos esta novena ao bem-aventurado Francisco de Paula Victor, pedindo a luz do Espírito Santificador, que derramais sobre nós a graça da perseverança e do perdão. Conservai-nos na fé, dai-nos um coração aberto à humildade e sincero. Quisestes que vosso filho beato, padre Victor, tocasse no coração dos homens, e vós revelastes que o Amor tudo renova. Pelo seu sacerdócio, doou-se inteiramente aos irmãos, ainda que muitos o rejeitassem. Por isso, eu vos peço: Deus Trino, ensinai-me a perdoar sem medida e a ajudar meus irmãos perdidos no ódio e rancor (*pedir a graça a ser alcançada*). Senhor Deus, recebei minhas preces e convertei meu pobre coração pecador; que eu lute por um mundo mais fraterno, para que não haja lugar ao preconceito, à violência e à dor, como fez nosso irmão Francisco de Paula Victor. Assim seja. Amém!

Oração final

Jesus, terminando este dia de novena, queremos vos bendizer as maravilhas que operais em nossa vida. Sabendo que devíeis partir para junto do Pai, não nos deixastes abandonados à própria sorte, mas pelo Espírito Santo infundistes o Amor no coração dos apóstolos. O bem-aventurado Francisco de Paula Victor conservou em seu coração esse Amor, doando-se aos pobres e marginalizados, ensinando vossos mandamentos em sua jornada sacerdotal. Sentimos nosso ser fortalecido e agrademos, sinceramente, as graças recebidas. Senhor Deus, queremos dedicar nossa vida a serviço da Igreja e dos irmãos, como dedicou o beato padre Victor, por isso conduzi nossos passos para sermos fiéis ao vosso projeto de salvação. Assim seja! Amém!

(Rezar 1 Pai-nosso, 3 Ave-Marias e 1 Glória ao Pai).

Que possais abençoar-nos, Senhor Todo-Poderoso.

Em nome do Pai, do Filho e do Espírito Santo. Amém.

1º dia
A luta pela liberdade

1. Oração inicial *(p. 7)*

2. Palavra de Deus *(1Pd 2,15-17)*

A vontade de Deus é que, fazendo o bem, façais calar os insensatos ignorantes. Vivei como pessoas livres, não como gente que faz da liberdade um véu para encobrir sua malícia, mas como servos de Deus. Honrai a todos, amai vossos irmãos, temei a Deus, honrai o rei.
– Palavra do Senhor.

3. Reflexão

A caminhada de padre Victor foi marcada pela ignorância e soberba daquela sociedade, pelas atitudes desumanas que ferem a dignidade e afastam-nos do Mandamento Maior: o amor ao próximo.

Ainda hoje, convivemos com as amarras dos preconceitos e da intolerância, que nos cegam, endurecendo nosso coração e impedindo de reconhecermos o rosto de Deus na pessoa de nosso irmão excluído.

Será que atitudes discriminatórias fazem parte da vida de quem professa uma fé autêntica? A verdadeira fé não se baseia em distinção e preferências, mas tem o alicerce "cravado na rocha" da misericórdia, que nos faz enxergar o outro como um amigo a amparar, não como um inimigo a vencer. Essa fé cultua o diálogo e o respeito, encorajando-nos a lutar pela liberdade espiritual, que nos livra de atitudes mesquinhas e cruéis com os irmãos que padecem solitários pela marginalização. Que abramos nosso coração à fraternidade e lutemos contra todas as formas de exclusão social. Amém!

4. Preces do dia

– Que nosso coração jamais aceite qualquer forma de discriminação e violência, pedimos:
– Senhor, escutai a nossa prece!
– Que acolhamos os irmãos marginalizados e sejamos promotores da igualdade humana, pedimos:
– Senhor, escutai a nossa prece!
(Outras intenções...)

5. Oração final *(p. 9)*

2º dia
Padre Victor, o jovem sonhador

1. Oração inicial *(p. 7)*

2. Palavra de Deus *(Cl 3,1-2.4)*

Se, portanto, ressuscitastes com Cristo, buscai as coisas do alto, onde Cristo está sentado à direita de Deus. Pensai nas coisas lá de cima, não nas da terra. Quando Cristo, que é vossa vida, manifestar-se, vós também sereis manifestados com ele na glória.
– Palavra do Senhor.

3. Reflexão

Desde criança, Victor sentia-se chamado por Deus. Os desafios impostos por uma sociedade preconceituosa e marginalizadora não o impediram de buscar as coisas do Altíssimo; foram estímulos para ultrapassar barreiras por um sonho: o sacerdócio.

Mas o jovem Victor queria mais! Lutou por uma melhor educação para as crianças, pela dignidade humana, com doações de alimentos e roupa aos necessitados, por Jesus Cristo, sem se desencorajar pela violência física e psicológica dos homens que o rejeitavam por ser um padre negro.

Que o beato Francisco de Paula Victor seja para nós um modelo de superação diante das dificuldades; que por sua intercessão almejemos o projeto de Deus em nossa vida, o qual nos quer ver realizados e espera que cada um de nós ofereça nossa vida pela felicidade dos irmãos sem voz e sem vez. Amém!

4. Preces do dia

– Que nunca desanimemos diante da perversidade dos poderosos, que visam somente ao bem pessoal, e que lutemos pelo bem comum, pedimos:
– Senhor, escutai a nossa prece!
– Que lutemos pelos sonhos dos indefesos, ajudando-os a caminhar, impedindo que o egoísmo destrua seus projetos pessoais, pedimos:
– Senhor, escutai a nossa prece!
(Outras intenções...)

5. Oração final *(p. 9)*

3º dia
Padre Victor, o humilde servidor

1. Oração inicial (*p. 7*)

2. Palavra de Deus (*Mc 10,43-45*)

Jesus disse aos discípulos: "Quem quiser tornar-se grande entre vós será vosso servo; e aquele que quiser ser o primeiro entre vós seja o escravo de todos. Pois o próprio Filho do homem não veio para ser servido, mas para servir e dar a vida para resgatar a multidão".
– Palavra da Salvação.

3. Reflexão

Vivemos em um mundo competitivo, em que os mais bem-sucedidos e ricos são os melhores, e os demais, o resto, o descartável. Triste realidade, mas, infelizmente, pertencemos a esse cenário cruel, envolvido pela arrogância, pelo orgulho, pela soberba e pela ambição.

Jesus Cristo espera que abramos a mente e o coração à graça da humildade, doando a vida pelos outros, como fez o bem-aventurado padre Victor. Esse homem seguiu os preceitos de Deus: "Não façais nada por competição e vaidade. Antes, com humildade, cada um considere os outros como superiores a si, sem procurar seu próprio interesse, mas o dos outros" (Fl 2,3-4).

Que sejamos pobres de espírito, que nos despojemos de nós mesmos como obrigação de filhos amados de Deus, não com vanglória, pois as coisas terrenas passam, mas a Salvação permanecerá para sempre. Amém!

4. Preces do dia

– Que coloquemos em prática os dons recebidos de Deus em favor dos necessitados, pedimos:
– Senhor, escutai a nossa prece!
– Que procuremos servir ao próximo, sem esperar em troca recompensas materiais, e ajamos com o coração puro e humilde, pedimos:
– Senhor, escutai a nossa prece!
(Outras intenções...)

5. Oração final *(p. 9)*

4º dia
Padre Victor, promotor da esperança

1. Oração inicial *(p. 7)*

2. Palavra de Deus *(Sl 71,4-6)*

Meu Deus, salvai-me da mão do ímpio, do poder do malvado e do opressor. Porque sois vós, Senhor, minha esperança, sois minha confiança, Javé, desde minha juventude. (...) Para vós será sempre meu louvor.
– Palavra do Senhor.

3. Reflexão

"Na esperança temos como que uma âncora para nossa alma, tão segura quanto sólida" (Hb 6,19), conduzindo-nos à fé pela qual relacionamos com Deus-Pai. Infeliz é o cristão que desacredita na vida, não espera pelo Senhor, que nos salvará; e não basta viver na esperança, é preciso ser a esperança na vida do irmão pela caridade, como foi padre Victor.

Nosso beato encontrou na educação das crianças a promoção da esperança, visando a um futuro melhor para as crianças carentes daquela época. Não hesitou em ajudá-las, ainda que custasse muito; mesmo sendo difamado pelos expressivos gastos financeiros em favor do bem comum, ele assumiu toda a responsabilidade. E nós, será que estamos sendo sinal de esperança para o próximo? Que experimentemos essa graça em nosso ser, lutando contra todos os males sociais e ajudando o semelhante a encontrar Cristo, a verdadeira esperança. Assim seja!

4. Preces do dia

– Que sejamos sensíveis às necessidades dos irmãos, doando roupas, comida e carinho aos pobres de nossa comunidade, pedimos:
– Senhor, escutai a nossa prece!
– Que sejamos instrumentos de esperança, ensinando nossas crianças a crer em um mundo melhor, sem desanimá-las diante dos desafios do dia a dia, pedimos:
– Senhor, escutai a nossa prece!
(Outras intenções...)

5. Oração final *(p. 9)*

5º dia
Padre Victor e a confiança no Pai

1. Oração inicial *(p. 7)*

2. Palavra de Deus *(Is 43,1-3)*

Assim Deus te diz: "Não temas; eu te resgatei, eu te chamei pelo nome, tu és meu. Quando atravessares as águas, eu estarei contigo: a correnteza não te afogará; quando passares pelo fogo, não te queimarás, a chama não te abrasará. Pois eu sou Javé, teu Deus, o Santo de Israel, teu Salvador".
– Palavra do Senhor.

3. Reflexão

Levar a Palavra de Deus aos corações mais violentos e orgulhosos não é tarefa fácil, ainda mais quando se é vítima do desprezo do povo. Esse era o destino de padre Victor, filho obediente a Deus, que jamais vacilou na construção de uma sociedade melhor, pois confiava plenamente no Pai.

Passamos por ocasiões que nos desestabilizam e machucam, levando-nos ao chão; mas nessas horas de incertezas devemos depositar nosso coração nas mãos de Deus, sentir a força do Espírito Santo agindo em nosso ser e nos fortalecendo. Se até Jesus Cristo veio ao mundo para sentir as mais terríveis provações, quem somos nós para não aceitarmos as intempéries da vida?

Que peçamos a intercessão do beato Francisco de Paula Victor e roguemos aos Céus: "Que nosso Deus esteja conosco como esteve com nossos pais, que não nos abandone nem nos rejeite!" (1Rs 8,57). Amém!

4. Preces do dia

– Que jamais percamos a fé e percebamos a presença divina agindo nos momentos mais conflituosos de nossa vida, pedimos:
– Senhor, escutai a nossa prece!
– Que não busquemos Deus somente nas provações, mas aprendamos a sempre agradecer ao Pai as bênçãos recebidas, pedimos:
– Senhor, escutai a nossa prece!
(Outras intenções...)

5. Oração final *(p. 9)*

6º dia
Padre Victor e o amor transformador

1. Oração inicial *(p. 7)*

2. Palavra de Deus *(1Cor 13,4-7)*

O amor é paciente; o amor presta serviço; o amor é sem inveja; não se vangloria, nem se incha de orgulho. Não age com baixeza, não é interesseiro; não se irrita, não leva em conta o mal recebido. Não se alegra com a injustiça, mas se compraz com a verdade. Tudo suporta, tudo crê, tudo espera, tudo vence.
– Palavra do Senhor.

3. Reflexão

Tão grande foi o amor de padre Victor para com o povo de Deus, que conseguiu destruir o desprezo e a frieza com que muitos o tratavam. A missão de amar sem limites é uma virtude de quem ama realmente o Pai, de quem se sensibiliza pela necessidade do outro e não fica de braços cruzados.

Muitas vezes, dispomo-nos a amar, pensando em recebê-lo de volta; mas o supremo amor não se constrói por interesses e transforma todos os males em bondade e doação. Tanto amor Jesus tem pela humanidade que se entregou à Cruz da Salvação, ainda que fosse humilhado pelos seus. Seguindo os passos de Cristo, padre Victor permaneceu firme na fé, aceitou a discriminação sofrida como prêmio para salvação de seus pecados.

Peçamos ao Pai que santifique nosso coração à graça do perdão, que o amemos acima de tudo e ao próximo como a nós mesmos, pois, somente assim, conseguiremos transformar este mundo em um reino de paz e justiça, sem ódio e sem dor. Amém!

4. Preces do dia

– Que a discórdia e a falta de diálogo nunca habitem nossos lares; e que a vida em família seja pautada no amor sem medida, pedimos:
– Senhor, escutai a nossa prece!
– Que abramos nosso coração para amar o próximo, respeitando as diferenças e promovendo a paz entre os povos, pedimos:
– Senhor, escutai a nossa prece!
(Outras intenções...)

5. Oração final *(p. 9)*

7º dia
Padre Victor e o chamado à santidade

1. Oração inicial *(p. 7)*

2. Palavra de Deus *(2Tm 1,8-9)*

Não te envergonhes do testemunho que deves dar de nosso Senhor, nem de mim, que estou preso por causa dele; pelo contrário, sofra comigo pelo Evangelho, ajudado pela força de Deus, que nos salvou e nos chamou com uma vocação santa, não em virtude de nossas obras, mas em virtude de sua própria vontade e graça.
– Palavra do Senhor.

3. Reflexão

Francisco de Paula Victor demonstrava, desde pequeno, o desejo pelo sacerdócio: um convite de Deus à santidade. Em uma incessante batalha contra os preconceitos e a exclusão, padre Victor nos ensinou que, se quisermos ser santos, precisamos primeiramente sofrer em nome de Jesus Cristo, aceitar as provações sem revolta e confiar no Pai.

Todos os dias, Deus fala ao nosso íntimo: "Sede santos, porque eu sou santo!" (1Pd 1,16). Cabe a cada um de nós aceitar ou não esse chamado, pedir ao Espírito Santo a Sabedoria para discernirmos o que favorece e o que fere o projeto de Deus. Que nossa vida seja uma oferta de amor a Cristo e aos irmãos, capaz de suportar com fé os males, que ferem a alma, e perdoar as ofensas de todo o coração. Amém!

4. Preces do dia

– Que nossa caminhada de fé seja alicerçada pela coragem e pelo ânimo de buscar a santidade, resgatando os irmãos perdidos pelas decepções da vida, pedimos:
– Senhor, escutai a nossa prece!
– Que os ensinamentos do beato Francisco de Paula Victor sejam modelos para nós, para pormos em prática a caridade e a partilha, pedimos:
– Senhor, escutai a nossa prece!
(Outras intenções...)

5. Oração final *(p. 9)*

8º dia
Padre Victor, o sacerdote de fé

1. Oração inicial *(p. 7)*

2. Palavra de Deus *(Tg 2,14-17)*

Meus irmãos, de que adianta alguém dizer que tem fé se não tiver as obras? Acaso essa fé poderá salvá-lo? Se um irmão ou uma irmã estiverem sem roupa e sem o alimento diário, e alguém de vós lhes disser: "Ide em paz, aquecei-vos e comei bastante" – sem lhes dar o necessário ao corpo –, de que adianta? Assim também a fé, se não tiver obras, está totalmente morta.
– Palavra do Senhor.

3. Reflexão

A verdadeira fé revitaliza a alma, conduz o homem a praticar o bem, pois encontra no outro a presença de Deus. A fé, sustentada pelos próprios interesses, não tem solidez e morre ao encontrar o primeiro obstáculo.

Padre Victor foi um sacerdote de fé, abraçou o povo de Deus com benevolência, ainda que recebesse apenas menosprezo. Por essa atitude tão admirável, Deus dignificou-o como santo de nossa gente, pois não quis para si prestígio algum, mas entregou sua vida e seus bens em favor de muitos. Que não tenhamos medo dos riscos que podemos correr ao professar a nossa fé em Cristo; que pratiquemos o Evangelho aonde formos, doando-nos aos irmãos marginalizados e excluídos, pois somente assim conquistaremos a tão almejada salvação. Assim seja! Amém!

4. Preces do dia

– Que nossa Igreja seja sempre anunciadora da Verdade professada por Cristo e acolhedora dos indefesos e marginalizados, pedimos:
 – Senhor, escutai a nossa prece!
– Que nossa fé nunca se fundamente na hipocrisia, que visa somente a nossos próprios interesses, distanciando-nos do projeto do Pai, pedimos:
 – Senhor, escutai a nossa prece!
 (Outras intenções...)

5. Oração final *(p. 9)*

9º dia
Padre Victor, o bem-aventurado

1. Oração inicial *(p. 7)*

2. Palavra de Deus *(Mc 9,38-40)*

Disse João a Jesus: "Mestre, vimos um homem, que não anda conosco, expulsando demônios em teu nome e quisemos impedi-lo, já que não nos seguia". Mas Jesus disse: "Não deveis impedi-lo, pois ninguém pode realizar prodígio algum em meu nome e logo depois falar mal de mim. Aquele que não é contra nós é a nosso favor".
– Palavra da Salvação.

3. Reflexão

O casal, Maria Isabel de Figueiredo e José Maurício Silvério, tinha o sonho de ter um filho, mas, após dois anos de tratamento, foi desconsolador ouvir de sua médica que a gravidez era algo impossível.

Maria Isabel sempre foi devota de padre Victor e, como é feito tradicionalmente na novena em Três Pontas – MG, escreveu seu pedido em um papel para ser queimado com outras intenções dos fiéis, preces que seriam elevadas aos Céus. Em agosto de 2010, o casal recebeu a tão sonhada graça pela providência divina: Maria Isabel estava grávida sem nenhum tratamento. Segundo a médica, que assistiu Maria Isabel antes da gestação, seria impossível a gravidez de forma natural, pois a paciente não possuía uma das trompas e a outra se encontrava completamente obstruída.

Atualmente, Maria Isabel e José Maurício são pais de duas filhas. A gravidez comprovou, mais uma vez, o milagre recebido pela intercessão do bem-aventurado Francisco de Paula Victor, nosso grande intercessor!

4. Preces do dia

– Que percebamos a ação divina no nosso meio e a presença de Jesus no irmão sofredor, amparando-o em suas necessidades, pedimos:
– Senhor, escutai a nossa prece!
– Que jamais nos esqueçamos de invocar o Espírito Santo, pedindo o Entendimento para profetizar as maravilhas realizadas em nosso meio pela misericórdia de Deus, pedimos:

– Senhor, escutai a nossa prece!
(Outras intenções...)

5. Oração final *(p. 9)*

Índice

Beato Francisco de Paula (Pe. Victor de Três Pontas) 3

Oração inicial 7

Oração final 9

1º dia: A luta pela liberdade 11

2º dia: Padre Victor, o jovem sonhador 13

3º dia: Padre Victor, o humilde servidor 15

4º dia: Padre Victor, promotor da esperança 17

5º dia: Padre Victor e a confiança no Pai 19

6º dia: Padre Victor e o amor transformador 21

7º dia: Padre Victor e o chamado à santidade 23

8º dia: Padre Victor, o sacerdote de fé 25

9º dia: Padre Victor, o bem-aventurado 27

 A marca FSC® é a garantia de que a madeira utilizada na fabricação do papel deste livro provém de florestas que foram gerenciadas de maneira ambientalmente correta, socialmente justa e economicamente viável.

Este livro foi composto com as famílias tipográficas Avenir, Bellevue e Calibri e impresso em papel Offset 75g/m² pela **Gráfica Santuário**.